María en Latinoamérica

El recorrido de la siempre fiel

UNA PUBLICACION
PASTORAL REDENTORISTA

One Liguori Drive ▼ Liguori, MO 63057-9999

Publicado por Libros Liguori
Una marca de Liguori Publications
Liguori, Missouri
www.liguori.org

Imprimi Potest:
Thomas D. Picton, C.Ss.R.
Provincial de los Redentoristas de la
Provincia de Denver

Copyright 2005 by Liguori Publications
ISBN 0-7648-1225-4
Número de la tarjeta de la Biblioteca del Congreso: 2005920467

Liguori Publications quisiera agradecer a la Universidad de Dayton por el uso de las imágenes marianas que se encuentran en este librito.

Todos los derechos reservados. Ninguna parte de este libro puede ser reproducida, almacenada en un sistema de computadora o transmitida sin el permiso por escrito de Liguori Publications.

Impreso en Mexico
09 08 07 06 05   5 4 3 2 1
Primera edición

Libros Liguori quiere expresarle su agradecimiento al Instituto Pastoral del Sureste para el Ministerio Hispano, Inc. (SEPI) por el permiso para usar el material del libro Las Advocaciones Marianas en la Religiosidad Popular Latinoamericana *en "Documentaciones sureste" Número 5, febrero 2 de 1996. Southeast Regional Office for Hispanic Ministry, Inc.*

Contenido

INTRODUCCION • 7

ARGENTINA • 8
Nuestra Señora de Luján

BOLIVIA • 10
Nuestra Señora de la Candelaria de Copacabana

BRASIL • 12
Nuestra Señora de Aparecida

CHILE • 14
Nuestra Señora del Carmen del Maipú

COLOMBIA • 16
Nuestra Señora del Rosario de Chiquinquirá

COSTA RICA • 18
Nuestra Señora de los Angeles

CUBA • 20
Nuestra Señora de la Caridad del Cobre

ECUADOR • 22
Nuestra Señora de la Presentación del Quinché

EL SALVADOR • 24
Nuestra Señora de la Paz

GUATEMALA • 26
Nuestra Señora del Rosario

HONDURAS • 28
Nuestra Señora de Suyapa

MEXICO • 30
Nuestra Señora de Guadalupe

NICARAGUA • 32
Nuestra Señora de la
Inmaculada Concepción de "El Viejo"

PANAMA • 34
Nuestra Señora de Antigua

PARAGUAY • 36
Nuestra Señora de los Milagros de Caacupé

PERU • 38
Nuestra Señora de la Merced

PUERTO RICO • 40
Nuestra Señora Madre de la Divina Providencia

REPUBLICA DOMINICANA • 42
Nuestra Señora de Altagracia

URUGUAY • 44
Nuestra Señora de los Treinta y Tres Orientales
Sábado anterior al segundo domingo de noviembre

VENEZUELA • 46
Nuestra Señora de Coromoto

María, Madre nuestra,
Fortalece y aviva nuestros corazones
para que emprendamos la jornada
cristiana con la misma convicción y
espíritu que estos testimonios
de fe expresan.

Introducción

*"Nos hiciste, Señor, para ti y nuestro corazón
anda inquieto hasta que descanse en ti".*
SAN AGUSTÍN

Junto con San Agustín, a lo largo de los siglos han existido santos y santas que les han aconsejado a los fieles que estén atentos a la inquietud del corazón. Esta agitación del corazón ha sido interpretada por la tradición cristiana como el principio del itinerario a Dios, que es la fuente de nuestros deseos más profundos. Como es natural, durante la jornada solemos experimentar desaliento. Entonces es cuando buscamos una guía cuando pasamos por momentos de desolación espiritual o por momentos cuando el fracaso parece ser inevitable. Tradicionalmente, los fieles católicos de América Latina han encontrado a lo largo de los siglos, ese apoyo en la presencia maternal de María. María ha sido para la Iglesia latinoamericana la figura protectora y consoladora.

La Iglesia se regocija y que las cualidades maternales de María sean una expresión concreta de la misericordia y ternura de Dios. Su presencia poderosa y silenciosa ha sido para muchas personas un medio de sobreponerse a la ignorancia, al odio, a la injusticia y a la violencia que se interponen a la llegada del Reino de Dios. El pueblo latinoamericano, como tantos otros, ha encontrado el consuelo y el aliento en aquella mujer que sostiene a un niño en sus brazos o que se niega a abandonar un lugar especial cerca de un manantial natural o de un río.

Los breves pasajes de este libro son una narración de las bendiciones de Dios que animan, protegen e inspiran a hombres y mujeres para que puedan creer que, a pesar de las adversidades que experimentan en sus vidas, pueden alcanzar esa paz que sólo Jesús es capaz de dar. La vida de María, expresada a través del pueblo de Dios, es la prueba de que el Señor está cerca de nosotros sin importar qué lengua hablemos o cuál sea nuestro origen.

ARGENTINA

Nuestra Señora de Luján

Esta figurilla de barro es una representación de la Inmaculada Concepción. Mide 15 pulgadas. Viste un alba blanca ricamente bordada y un manto azul cielo que representan los colores de la Argentina. Porta sobre la cabeza una corona. La figura aparece de pie en una posición orante delante de la mandorla, símbolo de la unión del cielo y de la tierra.

EL 8 DE MAYO Cuenta la leyenda que en el año 1630 la estatuilla fue enviada de Buenos Aires a Santiago del Estero junto con otra estatua de la Virgen sosteniendo al niño Jesús. Ambas fueron colocadas en una carreta de bueyes. Se dice que en el camino a Santiago, uno de los bueyes se detuvo, sin motivo aparente, a orillas del río Luján. Temiendo que esto fuera una señal de que las bestias se encontraban sobrecargadas y fatigadas, los comerciantes decidieron reajustar la carga y pasar la noche allí. Al día siguiente, los animales se rehusaron a seguir adelante. No fue hasta que uno de los viajeros colocó la estatua de la Virgen en el suelo que las bestias comenzaron a moverse. Para sorpresa de todos los espectadores, la carreta se detenía cada vez que se colocaba la estatua en ella, y al bajarla, los animales inmediatamente comenzaban a caminar. Era obvio que Nuestra Señora deseaba permanecer ahí, en Luján.

Este hecho sorprendente generó una gran devoción a Nuestra Señora e hizo que se construyera un santuario en Luján. El Papa Leo XII, en reconocimiento de la gran fe del pueblo argentino, bendijo la imagen en 1887 y más tarde en 1930, el Papa Pío XI elevó el santuario a basílica.

Oración

Nuestra Señora de Luján, como signo de tu protección maternal al pueblo Argentino, se le envió una imagen de la Inmaculada Concepción a tu pueblo.
Ayúdanos a romper las barreras del pecado, para que, como tú, abramos los brazos y nuestros corazones para recibir a tu hijo.
Amén.

BOLIVIA

Nuestra Señora de Copacabana

Esta estatua mide poco más de cuatro pies y fue creada con una mezcla de yeso y de fibras de maguey. Su ropa nos hace pensar en el vestido de una princesa inca, con patrones de filigrana en hoja de oro que acentúan su majestuosidad. Su gesto gentil y el niño que yace pacíficamente en sus brazos y que bendice a quienes se acercan, reflejan a los habitantes de la región.

EL 5 DE AGOSTO Esta figura es una pieza artesanal del artista boliviano del siglo XVI Francisco Tito de Yupanqui. Se cree que la terminó alrededor del 1583 cerca de las islas del sol y de la luna. Nativo de Bolivia, el artista le dio a la cara de la Virgen los rasgos característicos de los habitantes del lugar, permitiendo que los fieles de la región se sintieran más cerca de ella y experimentaran así su amor maternal. Esta imagen inspiró tal devoción que, con el paso del tiempo, adquirió preciosas joyas y valiosos regalos. Por fortuna o por desgracia, su popularidad fue tan grande que incluso atrajo la atención de gobernantes tanto nacionales como internacionales. Los quechuas y los aimaraes, grupos indígenas de la región, le llaman la Coyeta, que quiere decir Reina de los incas, y se le conoce en las Américas como la patrona de Bolivia.

El Santuario de Nuestra Señora de Copacabana es probablemente uno de los santuarios marianos más antiguos del occidente. El Papa Pío XI la coronó oficialmente en 1925 y la iglesia fue designada basílica en 1949.

Oración

Nuestra Señora de Copacabana,
tú eres nuestra luz
y le diste a la humanidad el don de la salvación eterna.
Así como los sueños de Simeón se vieron realizados al contemplar al Mesías, te rogamos completes en nosotros la obra de tu gracia.
Que elevemos la mirada a Cristo en esta vida
y contemplemos su rostro por toda la eternidad.

Amén.

BRASIL

Nuestra Señora de la Aparecida

En su estado original, esta escultura estaba esmaltada con colores brillantes y variados. Perdió su brillo y color durante el tiempo que permaneció sumergida en las aguas del río Paraibá. De tonos oscuros, esta hermosa imagen mide aproximadamente quince pulgadas. Lleva sobre la cabeza y los hombros un manto de fino encaje que nos permite ver su mirada amorosa y sus manos unidas. La corona imperial y los adornos del vestido simbolizan su papel de patrona del Brasil.

EL 12 DE OCTUBRE La leyenda de la Aparecida surge a raíz de una serie de sucesos relacionados con la visita del Conde de Assumar a los Guarantinqueta en 1717. Como parte de los preparativos para una gran celebración, tres pescadores salieron a echar las redes a pesar de que no era la temporada de pesca y parecía que no había peces en el agua. Después de largas horas con las redes vacías, los tres pescadores dirigieron su plegaria a su Madre celestial buscando su intervención. Cual no sería su sorpresa al encontrar una estatua de la Inmaculada Concepción entre las redes. Entonces decidieron ofrecerle el resto de la pesca a la Virgen que se les había aparecido, la Aparecida, y como es de esperarse, las redes se llenaron.

Después del hallazgo milagroso y de la fiesta en honor del conde, uno de los pescadores llevó la estatua a su casa y le construyó un pequeño santuario. En el año 1743 fue que la comunidad se fue agrupando alrededor de la imagen y le construyó una iglesia en su honor.

La importancia de esta figura quedó certificada cuando el Papa Pío XI la proclamó patrona de Brasil en 1930 y cuando el Papa Juan Pablo II elevó el santuario a basílica en 1980.

Oración

Santa María de la Aparecida, te consagramos nuestros pensamientos para recordarte. Te consagramos nuestra lengua, para poder esparcir tu devoción. Te consagramos nuestros corazones, para que después de Dios, podamos amarte sobre todas las cosas. Bendícenos, para que podamos ser pescadores de hombres para Dios.

Amén.

CHILE

Nuestra Señora del Carmen de Maipú

Esta estatua de la Virgen del Carmen (del Monte Carmelo), está vestida como los antiguos carmelitas de Tierra Santa. Ella viste el hábito marrón y beige de los religiosos y sostiene al niño Jesús en un brazo. También tiene un escapulario marrón que tiene dos imágenes envueltas en plástico y que es algo tradicional de la orden Carmelita.

EL 16 DE JULIO La devoción a Nuestra Señora de Maipú llegó a Chile por primera vez cuando Don Martín de Lecuna comisionó a un artista ecuatoriano para esculpir una imagen de Nuestra Señora del Carmen para el pueblo chileno. Al igual que los reformistas de la orden del Carmen del pasado, ellos se encomendaron a la Virgen del Carmen en su lucha por la independencia de su nación.

Como agradecimiento a su protección, el pueblo chileno celebró una Misa solemne de acción de gracias en su honor en 1811. En 1817 la imagen se decoró con una batuta y el ejército de los Andes la proclamó como su patrona. En 1818, cuando los españoles atacaron la ciudad capital de Santiago, el pueblo y sus dirigentes llenaron la catedral para reavivar su confianza en María y le prometieron construirle un santuario en Maipú, donde Chile ganó su independencia. La construcción original se terminó en 1892.

En 1923 el Vaticano la declaró patrona de todos los chilenos. Se le venera en dos representaciones — una en el Santuario Nacional de Maipú en Quito, Ecuador y la otra, hecha en Francia, que se encuentra en la Basílica del Salvador en Santiago de Chile.

Oración

Nuestra Señora del Carmen,
tus hijas e hijos chilenos
se regocijan en tenerte
como protectora,
madre y reina de su país.
Que la armonía y
la justicia, y sus frutos
de paz y prosperidad,
florezcan en nuestras vidas.

Amén.

COLOMBIA

Nuestra Señora del Rosario de Chiquinquirá

Esta pintura bella de cincuenta por cuarenta y ocho pulgadas se pintó en un lienzo de algodón con témpera a base de tierras y extractos vegetales. La Virgen parece que camina sobre una luna creciente, sonriendo de manera misteriosa al sostener al niño Jesús en su brazo izquierdo. En contraste con su ropa y los dos santos que están a ambos lados de la Virgen, su rostro y el del niño Jesús aparecen radiantes y luminosos. La Virgen lleva un rosario en la mano, a imitación del niño Jesús quien también lleva uno en la mano izquierda.

EL 9 DE JULIO El pintor español Alonso de Narvaez pintó la imagen de Nuestra Señora del Rosario en 1562. A causa de la humedad y la luz del sol, los colores radiantes de la imagen perdieron su brillo original, volviéndose más oscuros y opacos. Unos quince años después la imagen fue colocada en una bodega junto a una capilla en Chiquinquirá. En 1585 la pintura se colocó nuevamente en las paredes de una capilla gracias a la devoción de una mujer piadosa de Sevilla quien le confió el oratorio a su cuidado.

Según la leyenda, el 26 de diciembre de 1586, la imagen de la Virgen apareció renovada milagrosamente, mostrando todo su resplandor original y al niño Jesús con el rosario en la mano.

Durante siglos, millares de peregrinos han frotado diversos objetos personales contra la imagen, con la esperanza de que al igual que pasó con la imagen, las partes dañadas y heridas de sus vidas sean restauradas. El Papa Pío VII confirmó oficialmente la respuesta sencilla y amorosa de nuestra Señora a los fieles cuando la declaró patrona de Colombia y le dio una liturgia especial. Se le coronó canónicamente en 1915 y el santuario en su honor fue elevado a basílica en 1927.

Oración

Nuestra Señora del Rosario, tu le has mostrado tu favor a este pueblo de Colombia, al darle un signo de tu presencia en Chiquinquirá. Que a través de tu intercesión, crezcamos en los caminos de la fe y promovamos el progreso social a través de la paz y de la justicia.

Amén.

COSTA RICA

Nuestra Señora de los Angeles

La Negrita como le llaman los costarricenses, es una estatuilla de tres pulgadas tallada en piedra oscura. Expresa un gesto amable y suave, con una dulce mirada enmarcada por ojos indígenas y una boca delicada. Su color oscuro, resalta contra el fondo dorado y los pliegues del vestido que cubren toda la pieza excepto su rostro y el del niño Jesús. La sostiene una custodia dorada rodeada de lirios, símbolo de la pureza cristiana, y de un ángel.

EL 2 DE AGOSTO De acuerdo a una antigua tradición popular, el 12 de agosto de 1635, durante la festividad de los Santos Angeles Guardianes, una pobre mujer de origen mestizo descubrió la imagen de María a lo largo de una vereda. Ella llevó la estatua a su casa, pero pronto se desapareció. Temiendo que se había perdido para siempre, ella regresó al lugar donde la había encontrado y, con gran asombro encontró la estatua allí. La mujer hizo esto varias veces, y una vez hasta la llevó a una iglesia, pero siempre pasó lo mismo. La comunidad interpretó estos acontecimientos como signos de que se debía construir un santuario en ese lugar.

Cómo una señal de la acción vivificante de la presencia divina, en este lugar surgió un manantial, justo debajo de la estatua, y confirmó que allí se debía construir el santuario. Al poco tiempo éste atrajo a miles de peregrinos de la región. Para 1926 ya se había celebrado la coronación de la Virgen y en 1935, el Papa Pío XI elevó la iglesia a basílica, y desde entonces infinidad de personas continúan recibiendo el agua bendita que emana de la presencia sanadora de nuestra Señora de los Angeles.

Oración

Madre Santísima, entre los costarricenses fuiste recibida como Nuestra Señora de los Angeles. Concédenos que perseveremos en anunciar el mensaje de tu Hijo, y que nunca vacilemos en acudir a ti para que nos des seguridad en medio de nuestras dificultades.

Amén.

CUBA

Nuestra Señora de la Caridad del Cobre

Esta estatuilla mide dieciséis pulgadas. Ella tiene una cruz en la mano derecha y al Niño Jesús en la izquierda. El Niño tiene un globo del mundo en la mano izquierda y les inspira confianza en María a los fieles al bendecirlos con la derecha. La cabeza es de barro y se le dio brillo para acentuar sus rasgos delicados. Sus ojos, grandes y tiernos, invitan a quienes la miran a confiar en su intercesión. Está parada en una luna brillante (que no se ve) que está rodeada por una nube plateada y tres querubines dorados (que tampoco se ven).

EL 8 DE SEPTIEMBRE Entre el 1612 y el 1613, dos cubanos y un joven español estaban recogiendo sal en la Bahía de Nipe cuando vieron algo que se parecía a un pájaro blanco que estaba encima de unas palmas secas. Al acercarse, se dieron cuenta que era una estatua de la Virgen. La estatua estaba pegada a una tabla que tenía estas palabras inscritas: "Yo soy la Virgen de la Caridad". A pesar de que el mar estaba picado, ni la figura de María ni su ropa estaban mojadas.

La estatuilla se llevó a una ermita en Barajagua. Según la leyenda, la imagen desaparecía de vez en cuando por muchas horas. Después que esto pasó varias veces, llevaron la estatua a la parroquia en El Cobre. Pero de vez en cuando volvía a desaparecer. Un día, una joven vio la imagen en el tope de una loma en una mina de cobre. La comunidad decidió que esto significaba que este era el lugar al que Nuestra Señora iba cuando desaparecía. Movieron la estatua a este lugar y le edificaron un santuario en su honor.

El Papa Benedicto XV nombró a Nuestra Señora de la Caridad patrona de Cuba en el 1916, el Papa Pío XI la coronó reina y protectora de Cuba en 1936 y el Papa Pablo VI elevó su santuario a basílica en el 1977.

Oración

Nuestra Señora de la Caridad, te veneramos alegremente como la patrona de Cuba. Haz que le llevemos valientemente tu mensaje al mundo, para que se le anuncie el evangelio a todos los seres humanos.

Amén.

ECUADOR

Nuestra Señora de la Presentación de Quinché

Esta escultura de cedro mide un poco más de dos pies de alto. La mayoría de los delicados rasgos indígenas de la Virgen se esconden bajo unas vestimentas decoradas con joyas, pero las caras serenas de María y de Jesús parecen estar coronadas con oro. La Virgen tiene un cetro en la mano derecha y al Niño en la izquierda. El Niño carga un globo dorado coronado con una cruz que significa su dominio del mundo.

EL 21 DE NOVIEMBRE

El famoso artesano Don Diego de Robles talló la imagen de Nuestra Señora de la Presentación de Quinché en el siglo XVI. Al principio, la imagen fue comisionada como Nuestra Señora de la Presentación, pero el patrocinador no pudo pagar por la escultura y entonces el artista se la cambió a la tribu Oyacachi por más tablas de cedro.

La leyenda cuenta que la Virgen ya se les había aparecido anteriormente a los indios para ofrecerles su protección contra los osos que amenazaban a sus niñitos. Al ver la estatua de Don Diego, ellos inmediatamente la reconocieron como la réplica exacta de su visión. Ellos cuidaron la imagen de Nuestra Señora por quince años hasta que su impacto en la pequeña tribu fue tal, que no pudieron continuar haciéndolo. Entonces el obispo movió la imagen a Quinché en 1604.

Esta imagen de María, con la piel oscura, los ojos y rasgos de la cara delicados es una de las devociones más populares de Ecuador, especialmente entre los indios que la llaman "la Pequeñita".

No se coronó la estatua formalmente hasta el 1943, y no fue hasta el 1985 que el santuario actual se declaró oficialmente un santuario nacional.

Oración

Madre Santa,

el pueblo de Ecuador

encuentra una gran

seguridad

en la imagen

de tu Presentación.

Con tu ayuda,

líbranos de todo mal y

haz que seamos templos

de tu gloria.

Amén.

EL SALVADOR

Nuestra Señora de la Paz

Esta estatua de madera de la Virgen está adornada con un manto blanco que tiene el escudo nacional de El Salvador bordado en el frente. Ella lleva a Jesús en la mano izquierda y una palma de oro en la derecha como recuerdo de su intercesión contra un volcán que una vez amenazó la ciudad. Sus rasgos faciales indígenas expresan paz y confianza.

EL 21 DE NOVIEMBRE No se sabe quién fue el artista que creó la estatua de la Virgen de la Paz y su origen también es un misterio. Escondida en una caja que estaba sellada, la estatua llegó a las orillas del Mar del Sur y unos comerciantes locales la descubrieron en 1682. Ellos no pudieron abrir la caja y asumieron que contenía un tesoro maravilloso. Decidieron llevarla a San Miguel donde podrían probarles a las autoridades que la descubrieron cerrada, y quizá entonces los considerarían dueños de ella. Al entrar en la ciudad pasaron por la iglesia de San Miguel, y de repente su mula se sentó y se rehusó a seguir caminando. Sólo entonces pudieron abrir la caja y descubrieron la estatua de la Virgen.

En ese momento El Salvador estaba experimentando mucha inquietud, pero la aparición misteriosa de esta imagen inspiró a los enemigos a abandonar sus armas y a optar por la paz. Las personas prometieron abandonar sus resentimientos y eliminar el odio de sus corazones. Por esto es que se le dio el nombre de Nuestra Señora de la Paz a la imagen.

El Papa Benedicto XV coronó a Nuestra Señora de la Paz en 1921 y se terminó la construcción de un santuario en su honor en 1953.

Oración

Nuestra Señora de la Paz,

tú acompañaste a los hijos

y a las hijas de El Salvador

cuando pelearon

 por la paz.

Tú no los abandonaste

cuando los desastres

naturales

los amenazaron.

Oramos para que todas

las naciones

experimenten la profunda

paz eterna de tu Hijo.

Amén.

GUATEMALA

Nuestra Señora del Rosario

Esta bella estatua está hecha de plata legítima y está cubierta de vestiduras elegantes y de joyas. María lleva un rosario grande en la mano derecha y al Niño Jesús, que parece estar durmiendo, en la izquierda. Según la leyenda, su cara delicada cambia de colores. Tiene un color rosado cuando al país le espera la buena fortuna o un blanco pálido cuando le espera la mala.

EL 7 DE OCTUBRE Aunque no se sabe quién fue el artista responsable, López de Montoya, un sacerdote de la Orden de los dominicos, comisionó la imagen de Nuestra Señora del Rosario en el 1592. Una leyenda popular de la Virgen María que viajaba por América Latina fue la inspiración para la imagen. Cuando llegó a Guatemala, el Niño se durmió y María decidió quedarse allí. Rápidamente se convirtió en un símbolo de orgullo y devoción nacional. Su protección fue tan significativa que, en 1821, los líderes de un movimiento de independencia prometieron que bajo su protección ellos no descansarían hasta que Guatemala fuera libre, y después la nombraron patrona del nuevo país.

Debido a que el rosario juega un papel tan central en la imagen, los fieles dedican el mes de octubre, el mes del rosario, para celebrar a la Virgen y el lugar que ocupa en la lucha por la independencia con fiestas y peregrinaciones a su santuario.

El Santuario de la Virgen del Rosario se completó en 1808, y se le declaró "Reina de Guatemala" en 1833. El Papa Pío XI la reconoció oficialmente cuando la coronó con metales preciosos y joyas y le dio al santuario una bendición apostólica.

Oración

Nuestra Señora del Rosario, tú y Jesús encontraron descanso y un hogar entre los hombres y las mujeres de Guatemala.

Te pedimos que nos ayudes a mantenernos libres de todo mal y a descansar un día en la alegría eterna del cielo.

Amén.

HONDURAS

Nuestra Señora de Suyapa

Esta delicada estatua de cedro mide sólo alrededor de 2 pulgadas. Los rasgos faciales de Nuestra Señora – la piel morena, los ojos grandes, las mejillas redondeadas y el pelo oscuro que le llega a los hombros — revelan su humildad indígena. Ella está parada con las manos dobladas en oración (debajo del manto) y está coronada como una reina dentro de una custodia.

EL 3 DE FEBRERO A menudo Nuestra Señora optó por aparecérseles a personas humildes y sencillas, una indicación del amor especial que Dios siente por los pobres y los afligidos. En 1747, un niño campesino de ocho años descubrió la estatuilla de Nuestra Señora de la Concepción de Suyapa cuando regresaba de trabajar en los campos. Tenía que recorrer un camino tan largo que paró para pasar la noche en la quebrada Piligüin. Cuando se preparaba para dormir, sintió algo que le pinchaba en la espalda. Pensando que era una piedra, tiró el objeto a un lado y se fue a dormir. Sin embargo, en cuanto trató de dormir, volvió a sentir el mismo objeto contra la espalda. Impulsado por su curiosidad, guardó el objeto en su mochila para verlo a la luz del día. Por la mañana él descubrió la figura de cedro de la Virgen.

El santuario se consagró en 1780, y el primer milagro ocurrió en 1796. Desde entonces la iglesia, que es enorme, atrae a peregrinos a una de las regiones más pobres del país. El Papa Pío XI, en reconocimiento de la fe humilde relacionada con esta devoción, declaró a Nuestra Señora de Suyapa patrona de la República de Honduras en 1952, y el Papa Juan Pablo II visitó el lugar en 1983.

Oración

Virgen María,
como Madre y Reina
de la República de
Honduras, muchos han
encontrado consolación
en tu presencia constante.
Por medio de tu intercesión
como Nuestra Señora de
Suyapa, concédenos que
consideremos a los demás
como verdaderos
hermanos y hermanas.
Amén.

MEXICO

Nuestra Señora de Guadalupe

Esta la famosa imagen fue creada en una tela hecha de fibras de maguey y mide sesenta y seis por cuarenta y una pulgadas. Su cara se inclina un poco hacia la derecha y Nuestra Señora está cubierta por un manto color turquesa decorado con estrellas, que indican su estatus de nobleza en la comunidad. El lazo negro, la ropa fruncida y los rayos de sol alrededor de la cintura indican que ella está embarazada. Ella está parada sobre una luna negra y la apoya un ángel que está en pleno vuelo.

EL 12 DE DICIEMBRE El 9 de diciembre de 1531, la Virgen se le apareció a Juan Diego, un indígena de Cuauhtilán. Sin saber quién era, Juan Diego habló con ella varios días en la loma del Tepeyac. Ella le dijo que le pidiera al obispo que le construyera una capilla en el lugar de la aparición. Desde ese lugar ella escucharía los sufrimientos de las personas.

El obispo rechazó la petición de Juan, pero le pidió que le trajera una prueba de las apariciones. Juan Diego regresó poco después con una imagen de la Virgen estampada en su ayate, una tela tosca que se usa para transportar cosas. El obispo, al ver esta prueba, construyó la capilla.

Pasaron más de 400 años antes de que la sociedad moderna se diera cuenta de la calidad milagrosa de la tela. A través de los años se expuso a los efectos del tiempo y al contacto con los peregrinos. Sin embargo, esta tela que generalmente sólo dura unos veinte años, ha sobrevivido el pasar del tiempo.

El Papa Pío X declaró a ella patrona de toda América Latina. El Papa Pío XI la declaró patrona de "todas las Américas". El Papa Pío XII la declaró "Emperatriz de las Américas". Y el Papa Juan XXIII la proclamó "La Misionera celestial del Nuevo Mundo" y "La Madre de las Américas".

Oración

Padre misericordioso,

tú has puesto a tu pueblo

bajo el cuidado

de Nuestra Señora

de Guadalupe.

Que por tu intercesión

podamos reclamar

la dignidad

de hombres y mujeres

creados en tu imagen.

Que trabajemos

por obtener la igualdad

de todos los seres humanos

del mundo.

Amén.

NICARAGUA

Nuestra Señora de la Inmaculada Concepción de El Viejo

Aunque hay mantos que cubren la mayor parte de la figura y que se cambian para las diferentes celebraciones litúrgicas, se puede ver la cabeza de esta estatua de madera que mide treinta y tres pulgadas. Su mirada modesta y tierna, acentuada por rasgos indígenas, se dirige hacia abajo y las manos le cubren el corazón en oración.

EL 8 DE DICIEMBRE Aunque no tenemos muchos datos históricos, muchas personas piensan que Santa Teresa de Avila le regaló esta imagen a su hermano, Rodrigo de Cepeda y Ahumada. Según la leyenda, cuando él llegó a Nicaragua se mudó a una misión franciscana en El Viejo, donde puso la imagen en un cuarto que convirtió en un salón de oración. Cuando lo trasladaron a Perú, él trató de llevar la imagen, pero su barco no pudo salir debido a las muchas tormentas que surgieron. Por fin aceptó que María deseaba quedarse en Nicaragua, y por eso se la ofreció a los habitantes de El Viejo, donde ha estado todos estos años.

La imagen de la Inmaculada Concepción ha impregnado la sociedad católica en Nicaragua. El día de la celebración litúrgica de esta devoción, el 8 de diciembre, también es un día de fiesta nacional. Los fieles decoran sus casas con altares que se pueden ver desde afuera, y les ofrecen dulces y platos típicos del país a los visitantes en anticipación de la fiesta de su patrona.

Los peregrinos también acuden al santuario todos los años para darle brillo a los metales preciosos que la Virgen ha recibido a través de los siglos.

Oración

María Inmaculada,
en ti Dios preparó
una morada digna para
su Hijo y te preservó
de toda mancha
de pecado.
Despierta a todos los
 nicaragüenses y a todos los seres humanos
para que descubran el plan
de Dios, y danos el valor
de aceptarlo con fe.
Amén.

PANAMA

Nuestra Señora de Antigua

Esta pintura de 31 1/2 pulgadas por 79 pulgadas representa la Asunción de María al cielo. Ella tiene una rosa en la mano, que hace referencia al Cantar de los Cantares 2,1 y también es un recordatorio de la leyenda del siglo II, del descubrimiento de flores en su tumba, que confirmó la asunción de su cuerpo. Su manto azul, confirma todavía más su entrada al cielo. Ella tiene a Jesús en el brazo izquierdo, y dos ángeles la saludan con una corona dorada.

EL 15 DE AGOSTO Esta devoción data de los comienzos del siglo XVI en España cuando se reconstruyó la Catedral de Sevilla donde se reemplazó todo excepto una de las paredes. La pintura de la Asunción de Nuestra Señora quedó colgada en esta pared, y por eso se convirtió en Santa María de Antigua.

La devoción fue a Panamá en 1510, cuando los españoles le prometieron a la Virgen que si sobrevivían una batalla contra los indígenas, le pondrían su nombre a uno de los pueblos. Y así fue que le dieron el nombre de Santa María de Antigua a una ciudad y más tarde a la iglesia.

Poco después, el Papa León X (1513) creó la primera diócesis en Panamá en Santa María de Antigua, y la iglesia que se construyó en honor de Nuestra Señora se convirtió en su catedral. Cuando se fundó la Ciudad de Panamá y se le nombró capital del país en 1519, la sede de la diócesis se trasladó a la misma y la imagen de Nuestra Señora se convirtió en su patrona. Durante el año de jubileo en el año 2000, se le proclamó la santa patrona de Panamá en una ceremonia que le consagró la nación al Inmaculado Corazón de María.

Oración

Reina del cielo

y de la tierra,

por muchos años

el pueblo de Panamá

ha acudido a ti

para obtener fuerzas.

Nos unimos a ellos

para pedirte

que permanezcas con

todos los fieles que

siguen a tu Hijo.

Que nunca dudemos

de tu amor maternal.

Amén.

PARAGUAY

Nuestra Señora de los Milagros de Caacupé

Nuestra Señora de Caacupé es una representación de la Inmaculada Concepción de María. Como de costumbre, tiene las manos dobladas en oración y, parada sobre la tierra y una media luna, le aplasta la cabeza a una serpiente como señal de su derrota del pecado. Ella viste una bella túnica blanca y un manto azul, ambos con bordes dorados, como símbolos de su divina autorización. Esta poderosa imagen, que sólo mide veinte pulgadas, tiene facciones faciales delicadas, pelo rubio y lleva una corona dorada.

EL 8 DE DICIEMBRE Nuestra Señora de Caacupé surgió durante la primera parte del siglo XVI cuando la tribu de los Mbayáes rechazó el cristianismo y le declaró la guerra a todos los conversos. Durante uno de sus ataques, un indio de una misión franciscana que se había convertido, se escondió detrás de un árbol enorme. Temblando de miedo, le rezó a María Inmaculada y le prometió que si sobrevivía, le tallaría una imagen del tronco del árbol que lo había protegido. El joven indio no murió y talló dos imágenes de Nuestra Señora – una para la iglesia local y la otra para su propia devoción.

Muchos años más tarde, una inundación amenazó destruir la región cerca de la misión franciscana. De nuevo los fieles del lugar pusieron su confianza en María Inmaculada. Se salvaron y desde ese momento en adelante la llamaron "Virgen de los Milagros".

Aunque la iglesia actual no se comenzó a construir hasta 1945, se declaró Santuario de la Virgen de los Milagros de Caacupé en 1980, y se considera que es el centro religioso de Paraguay. El 8 de diciembre multitudes de peregrinos acuden al santuario de la Virgen para ofrecerle oraciones de agradecimiento y alabanza por lo que hizo para darles su identidad cristiana.

Oración

Santísima Madre,
el pueblo de Paraguay te
venera bajo el título de
la Virgen de los Milagros.
Gracias a tu consejo
han encontrado
protección y vida.
Nunca dejes de ayudarnos
en nuestros esfuerzos
por proteger y promover
todo tipo de vida humana.

Amén.

PERU

Nuestra Señora de la Merced

La Virgen, igual que cuando se le apareció al fundador de la Orden Mercedaria, viste una túnica blanca que tiene un escapulario largo con el escudo de la Orden en el pecho. Un manto le cubre los hombros y las manos. En la derecha tiene un cetro real y en la izquierda tiene una cadena. Ambas cosas son símbolos de la liberación del cautiverio musulmán.

EL 24 DE SEPTIEMBRE Según la tradición, la imagen de Nuestra Señora de la Merced se le apareció por primera vez a San Pedro Nolasco y a Jaime I, Rey de Aragón y Cataluña en 1218 en dos visiones distintas. Ella les pidió que fundaran una orden dedicada a rescatar a los cristianos de las persecuciones de los musulmanes. Poco después, se fundó la Orden de Nuestra Señora de la Merced (los Mercedarios).

En el siglo XVI los frailes llegaron a Perú y para el año 1535 ellos construyeron una capilla primitiva que se convirtió en la primera parroquia cristiana. Ellos construyeron una iglesia permanente en 1540 y continuaron evangelizando la ciudad y ayudando con su desarrollo y con su herencia cultural. El impacto de su trabajo eventualmente se esparció por todo el país, y la iglesia y la estatua de Nuestra Señora se convirtieron en símbolos nacionales.

En 1730 Nuestra Señora fue declarada "Patrona de las tierras peruanas", y en 1823 "Patrona de los ejércitos de la República". El 24 de septiembre de 1924, coronaron la estatua solemnemente y declararon que el día de Nuestra Señora de la Merced era día de fiesta nacional.

Oración

Nuestra Señora de la Merced, tú estás cerca de todos en sus sufrimientos.
Que con tu ayuda, las mujeres y los hombres del Perú y todos los seguidores de tu Hijo sean señales de esperanza en momentos de oscuridad y de violencia.

Amén.

PUERTO RICO

Nuestra Señora de la Divina Providencia

Basada en un óleo del siglo XIII, la estatua presenta al Niño Jesús dormido en las piernas de la Virgen. Las manos de la Virgen están dobladas y sostienen la mano izquierda del Niño. Ambos rezan por el pueblo de Puerto Rico. Las decoraciones blancas y azules de este tallado de madera imitan las imágenes tradicionales marianas.

EL 19 DE NOVIEMBRE La devoción a Nuestra Señora de la Divina Providencia empezó en Italia durante el siglo XIII y se propagó rápidamente por España. Allí se construyó un santuario a través del cual la devoción a la Virgen se diseminó por todo el mundo.

En 1853 un obispo de Cataluña fue nombrado el ordinario de Puerto Rico y así fue que la devoción nació en la isla. Cuando él llegó, encontró que la diócesis estaba en una situación muy mala en cuanto al aspecto físico y al económico. El puso la diócesis en las manos de la Divina Providencia, y en menos de cinco años, la diócesis cobró la misma fuerza que los fieles demostraban con su gran fe. En honor de su ayuda, los fieles aceptaron a Nuestra Señora en su culto y como vivían su vida.

En 1969 el Papa Pablo VI declaró que Nuestra Señora de la Divina Providencia era la patrona principal de Puerto Rico. El también cambió el día de la Solemnidad de la Virgen del 2 de enero al 19 de noviembre para alinear el amor de las personas por Nuestra Señora y el día del descubrimiento de la isla.

Oración

Madre de la Divina Providencia, les has dado comida a quienes tienen hambre. A los prisioneros les has ofrecido consuelo y a los oprimidos les has ofrecido la liberación. Ayúdanos a traerles a los demás la libertad que ganó el sacrificio de Cristo. *Amén.*

REPUBLICA DOMINICANA

Nuestra Señora de Altagracia

Esta pintura, que mide trece pulgadas de ancho por dieciocho de alto, representa la Natividad de Jesús. La Virgen coronada está adornada con un manto azul y con estrellas que indican su atractivo universal. Con un gesto de oración, ella mira amorosa a su recién nacido que descansa en el pesebre. Se cree que un artista español pintó la imagen a fines del siglo XV o principios del XVI.

EL 21 DE ENERO   La pintura data de los comienzos de la evangelización de la República Dominicana cuando los colonos españoles identificaron a María, bajo dos advocaciones: Nuestra Señora de la Merced, y Nuestra Señora de Altagracia ("llena de gracia"). Los nativos de la región de Quisqueya honraban a Nuestra Señora de Altagracia en una pintura que los primeros colonos europeos trajeron a la isla. Más tarde llevaron la imagen a Higüey donde se construyó un santuario en 1572.

Según la leyenda, un comerciante rico buscó la pintura para ayudar a su hija con sus devociones. Ella había pedido la imagen bajo esa advocación. Después de una búsqueda larga y difícil, él les dijo a sus amigos que su búsqueda había sido en vano. Un hombre le dio un pedacito de tela de hilo y le dijo, "Esto es lo que buscas". A la mañana siguiente el hombre se había desaparecido, y el padre descubrió que el regalo de la tela de hilo era una bella imagen de la Virgen de Altagracia.

Nuestra Señora de Altagracia ha sido coronada dos veces en reconocimiento a su papel como la primera evangelizadora de las Américas – la primera vez el 15 de agosto de 1922 por el Papa Pío XI y la segunda el 2 de enero de 1979 por el Papa Juan Pablo II.

Oración

Virgen bendita,

tú eres la Madre

de la Sagrada Familia

y la Madre de la Iglesia.

Bajo el nombre de

Altagracia, que la

República Dominicana y

todos los seres humanos

que viven en

este mundo

experimenten la amistad

constante de tu Hijo.

Amén.

URUGUAY

Nuestra Señora de los treinta y tres Patriotas

Este tallado barroco de la Asunción de María sólo mide treinta y tres pulgadas. La Virgen tiene las manos dobladas en oración, mientras que su manto azul y blanco parece moverse al ascender al cielo. Ella está parada en una media luna y en un globo del mundo que se apoyan en una nube y tres ángeles.

EL SÁBADO ANTERIOR AL SEGUNDO DOMINGO DE NOVIEMBRE

La estatua de Nuestra Señora de los Treinta y tres Patriotas tuvo su origen en las misiones jesuitas del siglo XVIII en Paraguay. Los talleres guaraníes progresaron mucho en estas misiones, y se cree que esta imagen se creó allí. Se usó por primera vez en 1779 en una pequeña capilla jesuita en una aldea llamada Pintado. Después la llevaron, acompañada por todos los residentes, a la ciudad de Florida, donde permaneció y fue venerada por muchos años.

En abril de 1825, treinta y tres patriotas uruguayos llegaron a las playas de Agraciada para empezar la guerra de independencia y le pidieron a María que protegiera todos sus esfuerzos. Cuando llegaron a Florida le consagraron oficialmente a María el destino de su país a los pies de la estatua. Cuatro meses más tarde ellos lograron la independencia de la nación y de ese día en adelante, a la estatua se le dio el nombre de Nuestra Señora de los Treinta y tres patriotas.

El Papa Juan XXIII coronó la imagen en 1961 y la proclamó oficialmente "Patrona de Uruguay".

Oración

Madre amorosa,

en un momento crucial

en la historia de Uruguay,

inspiraste a treinta y tres

patriotas a pedirle a Dios

su ayuda en la búsqueda

de la libertad.

Dales valor a todos

tus hijas e hijos

que se comprometen a

ir en búsqueda de

la libertad.

Amén.

VENEZUELA

Nuestra Señora de Coromoto

Esta es una de varias estatuas que representa a Nuestra Señora de Coromoto que se le apareció a un jefe indio en un pequeño pedazo de pergamino. La Virgen está sentada con el Niño Jesús en las piernas. Ambos miran hacia el frente y llevan unas coronas. María viste un manto de un color carmesí oscuro, un velo blanco y una túnica del color de la paja. La estampita original, está guardada como reliquia en el pedestal del trono.

EL 11 DE SEPTIEMBRE

Cuando los colonizadores españoles llegaron a la región de Guanare alrededor del 1591, los indios coromotos abandonaron su tierra para no convertirse al cristianismo.

Cuando pasaron sesenta años, el jefe de los coromotos tuvo una visión de Nuestra Señora en las aguas del río Tucupido. Ella le dijo que fuera a ver a los colonizadores para recibir las aguas sanadoras del bautismo cristiano.

El jefe de la tribu trató de convertirse, pero no se pudo adaptar a la nueva vida y regresó a su aldea con su familia. Nuestra Señora se le apareció otra vez, pero el jefe se molestó y arremetió contra la Virgen. Cuando trató de agarrarla, ella desapareció y le dejó en el puño una estampita pequeña que tenía su imagen. Se puso el pequeño pergamino en la iglesia en Guanare, donde se preservó en un relicario hasta el 1987 cuando se puso en el pedestal de la estatua de madera de Nuestra Señora de Coromoto.

El Papa Pío XII declaró que esta imagen era la "Patrona de la República de Venezuela". Se construyó un segundo santuario en el lugar de la segunda aparición y se inauguró con una Misa solemne que el Papa Juan Pablo II celebró en 1996.

Oración

Madre Santísima,
desde el comienzo de
la historia de Venezuela
tú has protegido a tu pueblo y lo has animado a
buscar la libertad.
Que reconozcamos
la dignidad
de todos los hombres
y las mujeres
y trabajemos unidos por el
reino que Jesús prometió.

Amén.